Las mejores amigas del Sol

La importancia de las plantas

Autora: Hyeon-Suk Kim
Ilustradora: Seong-Yeon Moon; Asesora: Eun-Ju Lee

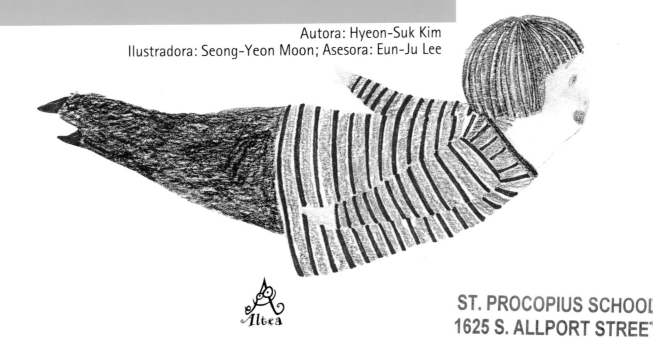

Altea

Las plantas siguen al Sol.
Dirigen sus hojas hacia él para
captar sus rayos.

A veces, una planta puede crecer
solitaria en medio del desierto,
y a veces muchas pueden crecer
formando una densa jungla...

A veces, crecen en un jardín
o bajo el mar...

Existe una gran variedad de plantas. Si pesáramos todas las plantas y animales del planeta, 99% del peso correspondería a las plantas. ¡Los animales conformarían apenas 1% del peso total!

Se pueden encontrar plantas en todos los rincones de la faz de la Tierra. Son mucho más numerosas que los seres humanos y los animales, incluyendo los peces.
Las plantas prevalecen en la Tierra.

Las plantas ya habitaban la Tierra desde mucho
antes de que aparecieran los seres humanos,
y éstos, desde que aparecieron, han comido
plantas para sobrevivir.

Las plantas habitaron la Tierra
antes que los dinosaurios.
Los dinosaurios también las comían.

Las plantas han vivido en la Tierra
desde antes de que aparecieran los peces
en los océanos. Los peces también
han comido plantas siempre.

Las plantas verdes pueden producir su propio alimento.
Usan la energía del Sol para convertir el dióxido de carbono y el agua en oxígeno y azúcar. A esto se llama "fotosíntesis".

¿Entonces, cómo sobreviven las plantas?
Las plantas producen su propio alimento absorbiendo los rayos del Sol para fabricar los nutrientes que necesitan.

Por eso las plantas dominan en la Tierra,
porque le dan vida.

Los animales que comen plantas se llaman "herbívoros".
A su vez, ellos son devorados por animales que comen carne, llamados "carnívoros".

Las personas y los animales necesitan
oxígeno para vivir, ya sea que respiren
con pulmones, branquias o la piel.
Todos los seres vivos necesitan oxígeno.
¿Sabes quiénes lo producen?

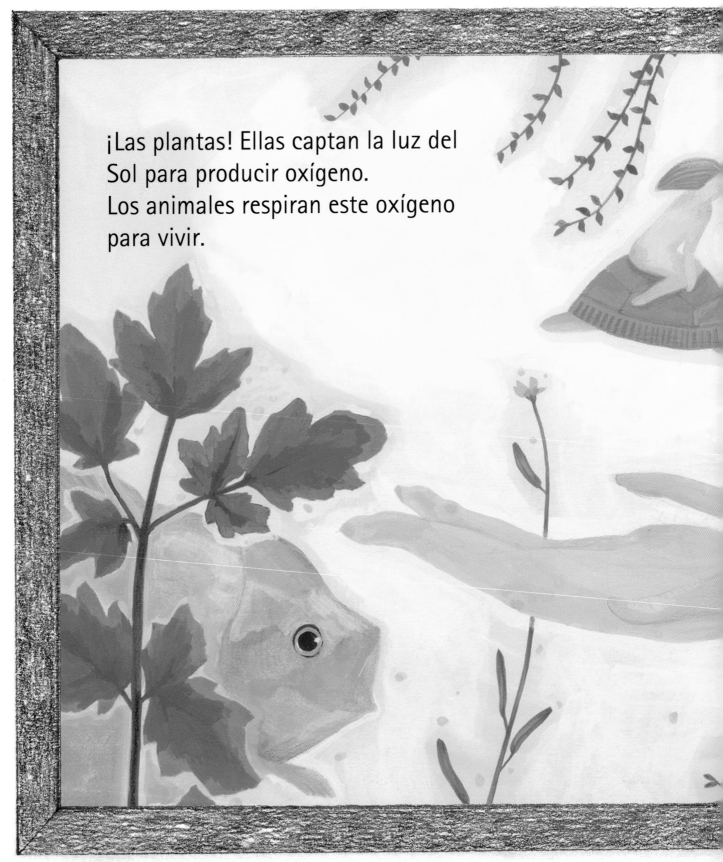

¡Las plantas! Ellas captan la luz del Sol para producir oxígeno. Los animales respiran este oxígeno para vivir.

Las plantas verdes producen oxígeno mediante la fotosíntesis: absorben dióxido de carbono y liberan oxígeno. El dióxido de carbono es el gas que se produce si quemamos papel, madera o carbón. También exhalamos dióxido de carbono de nuestros pulmones.

Así es como las plantas dominan la Tierra.
Las plantas hacen que la Tierra respire.

Los animales no pueden vivir sin oxígeno. El oxígeno que respiran todos los animales de la Tierra en un segundo pesa unas 10,000 toneladas. Todo este oxígeno es producido por las plantas.

En el pasado, las plantas producían oxígeno... y seguirán haciéndolo en el futuro.

Las plantas alimentan a todos los seres vivos y producen el oxígeno que permite respirar a todas las formas de vida.

Las plantas dominarán por siempre la faz de la Tierra.

Nota de la profesora
Las mejores amigas del Sol
Eun-Ju Lee (Universidad de Seúl, Facultad de Ciencias Naturales)

¿Has notado que el aire del campo es más dulce que el aire de la ciudad? Esto se debe a que en el campo crecen más plantas que en las ciudades y zonas urbanas. En la actualidad, nuestro aire se compone de 78% de nitrógeno, 21% de oxígeno —el gas que necesitamos para vivir— y 1% de otros gases. Sin embargo, hace millones de años el aire era diferente al que ahora respiramos.

El nitrógeno era más abundante, y aunque había mucho oxígeno, había también junto con éste otros gases como el metano y el amoniaco. La razón del cambio en la composición de nuestro aire está en las plantas verdes que aparecieron hace mucho tiempo: funcionaban como dispositivos que absorbían el dióxido de carbono y lo transformaban en oxígeno, utilizando la energía solar. A fin de cuentas, las plantas se extendieron y cubrieron la Tierra, con lo cual se incrementó el oxígeno de la atmósfera y se creó un ambiente favorable para la vida animal y humana.
Han pasado millones de años y las plantas verdes continúan reciclando el dióxido de carbono del aire, produciendo oxígeno para el sustento de toda vida animal y humana.

Trata de imaginar, en el jardín de cada casa, un grupo de árboles de unos 10 metros de altura y con muchas ramas. ¿Cuánto oxígeno crees que producirían estos árboles? Pues habría más que suficiente oxígeno para que una familia de seis personas respirara felizmente. Pero conforme seguimos desarrollando las ciudades, se tala estas preciosas fuentes de oxígeno, en tanto que la población de seres humanos y animales aumenta.

Además, la quema de carbón y de combustibles fósiles produce una contaminación cada vez mayor. La presencia de gases tóxicos en nuestro aire va en detrimento del bienestar de los animales y los seres humanos, así como del tiempo atmosférico.

La forma de mantener el aire limpio y fresco es sembrar muchas plantas verdes y muchos árboles, ya que producen oxígeno, el cual es esencial para los seres vivos.

La autora **Hyeon-Suk Kim,** estudió Sociología en la Universidad Sung Gyeong, y actualmente escribe libros para niños. Ha escrito, entre otras, las siguientes obras: *Math Puzzle Challenge 1 & 2 , Here and There with Flour Dough, Traveling Around the World Looking at Essential Needs, Fun, Imaginative Animal Stories.*

La ilustradora, **Seong-Yeon Moon,** estudió Arte Occidental en la Universidad Sangmyung. Ha ilustrado, usando las imágenes que guardaba en su imaginación, las siguientes obras: *The Bremen Town Musicians, Joseph Mallord William Turner,* entre otras.

La asesora **Eun-Ju Lee** se graduó en la Universidad Nacional de Seúl, con especialidad en botánica, donde también estudió una maestría. Se especializó en Botánica en la Universidad de Manitoba, Canadá. Es profesora de Ciencia de la Vida en la Universidad Nacional de Seúl. Le encantan los libros para niños, y le gustaría que los pequeños se interesaran más en las plantas y en la vegetación, que son los cimientos de la vida.

Las mejores amigas del Sol: La importancia de las plantas | ISBN: 978-970-770-912-6

Título original: *The Best Friend of Sun* | D.R. © Yeowon Media, 2006 | De la primera edición en español: D.R. © Santillana Ediciones Generales, S.A. de C.V., 2007, Av. Universidad 767, Col. Del Valle, México, D.F. | Coordinación editorial: Gerardo Mendiola | Traducción y formación: Alquimia Ediciones, S.A. de C.V. | Cuidado de la edición: Carlos Tejada, Gerardo Mendiola y Norma Fernández Guerrero

De esta edición: D.R. © Santillana USA Publishing Company, Inc., 2012.
2023 NW 84th Ave., Doral, FL 33178

www.santillanausa.com